마법처럼 풀리는

마플 중국어

마풀중국어

기초

패턴 / 회화

# 머리말

　마풀중국어는 훈민정음 창제 원리를 바탕으로 우리말과 중국어와의 관계를 연구하여 중국어를 한글로 배워야 하는 방법을 제시하고, 온라인 학습 중 유일하게 자가학습(문제풀이)이 가능한 브랜드이다.

　마풀 연구진은 우리말과 중국어 사이에 비슷한 발음이 많고, 일정한 발음 규칙이 있다는 사실을 기반으로 각종 옛 문헌과 사료, 실록 등을 매우 심도 있게 연구하였다. 그렇게 노력한 끝에 지금까지 우리나라 중국어 교육 프로그램에서는 볼 수 없었던 '마풀중국어'를 개발하게 되었다.

　마풀이라는 이름처럼 그야말로 '마법처럼 풀리는' 중국어 프로그램인 것이다.

　'선지자가 고향에서는 정작 대접을 못 받는다'는 말이 있다. 어릴 때부터 같이 보고 자랐던 사람이 시간이 지나 선지자가 되어 고향에 나타나니 아무도 거들떠도 안보더라는 말이다.

　현재 우리의 글자인 '훈민정음'이 이러한 처지에 놓여있다고 생각한다. 우리가 어릴 때 배워서 당연하게 사용하다 보니 정작 훈민정음의 진짜 가치와 위대성을 놓치고 있는 것이다.

　훈민정음은 지금부터 570여 년 전에 세종대왕께서 직접 창제하신 글자이다. 창제 당시 훈민정음은 자음 17자, 모음 11자로 28자에 불과한 글자지만, 세계 모든 사람의 입에서 나오는 소리를 모두 표현해 쓸 수 있는 글자였다. 그런데 오늘날 우리가 쓰는 글자는 24자이다. 4글자(ㆆ여린 히읗, ㆁ꼭지이응·아래아, ㅿ반치음)가 사라진 것이다. 사라진 4글자 외에도 ㅸ(순경음 비읍), ㆄ(순경음 피읖), ㅥ(쌍리을) 등의 소중한 글자들이 일제강점기 일본 학자들에 의해 강제로 사라졌고, 아직까지도 우리 곁에 돌아오지 못하고 있다.

이는 매우 안타까운 일이다. 마풀중국어 연구진은 훈민정음의 창제 원리 속에 숨겨진 우리말과 중국어, 나아가 세계 언어에 대한 비밀을 파헤치면서 많은 시간을 보냈다.

연구진과 마풀중국어를 개발하는 일은 17년 동안 대한민국에서 언어 관련 교육사업을 하며 이처럼 행복한 시간이 있었나 싶을 정도로 행복했다.

연구를 거듭할수록 마풀연구진은 일종의 사명감이 생겼다. 훈민정음의 위대한 글자들로 중국어를 가르치는 것은 단순히 중국어 교육을 쉽게 하는 것을 넘어 역사적, 학문적으로 매우 의미 있는 일이며 후손들에게 제대로 물려주어야 할 역사적인 사명이라는 것을.

'훈민정음의 위대한 비밀'을 통해 배우는 중국어 학습의 신세계에 오신 여러분을 진심으로 환영하며, 마풀중국어 개발을 위해 애쓴 연구진과 이카이스의 임직원들, 마풀을 응원해 주신 많은 분께 깊은 감사의 말씀을 아울러 전한다.

이카이스 ㈜ 대표 **이 현 준**

CONTENTS

기초 회화

기초 패턴

1강

나는 학생이야

A는 B이다 [A是B]
A는 B가 아니다 [A不是B]
A는 B이니? [A是B吗]

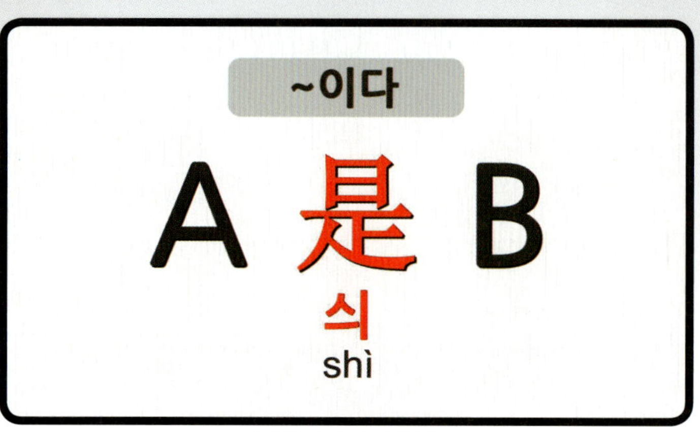

 패턴에 유의하여 한자를 따라 써 봅시다.

그는 선생님이다.

他是老师.

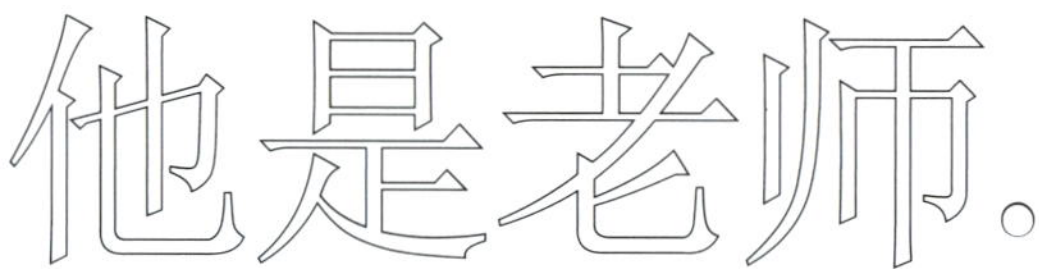
타 싀 라오싀.

Tā shì lǎoshī.

그녀는 한국인이다.

她是韩国人.

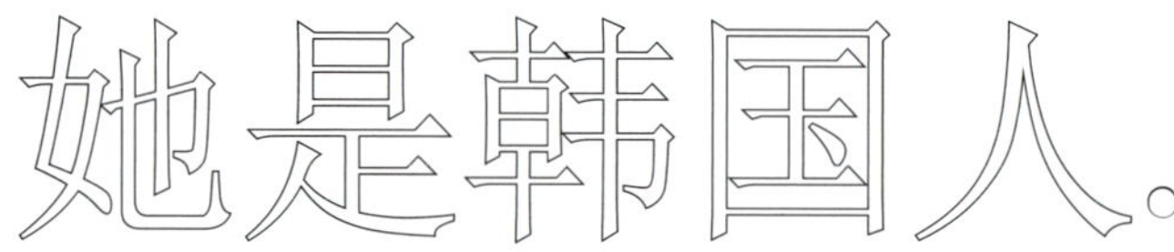
타 싀 한꾸어런.

Tā shì hánguórén.

 패턴에 유의하여 한자를 따라 써 봅시다.

이것은 책상이다.

这是桌子.

쩌 스 쮸어쯔.

Zhè shì zhuōzi.

이것은 책가방이다.

这是书包.

쩌 스 슈빠오.

Zhè shì shūbāo.

이것은 내 책상이다.

这是我的桌子.

쩌 스 워 떠 쮸어쯔.

Zhè shì wǒ de zhuōzi.

 패턴에 유의하여 한자를 따라 써 봅시다.

이것은 그녀의 책가방이다.

这是她的书包.

쪄 싀 타 떠 슈빠오.

Zhè shì tā de shūbāo.

 주어진 단어를 활용하여 A是B 형식의 문장을 완성해 보세요.

是 学生 我

 패턴에 유의하여 한자를 따라 써 봅시다.

나는 학생이 아니다.

我不是学生。

워 뿌 싀 쒸에셩.

Wǒ bú shì xuésheng.

그는 선생님이 아니다.

他不是老师。

타 뿌 싀 라오싀.

Tā bú shì lǎoshī.

 패턴에 유의하여 한자를 따라 써 봅시다.

이것은 내 책상이 아니다.

这不是我的桌子。

쪄 뿌 식 워 떠 쭈어쯔.

Zhè bú shì wǒ de zhuōzi.

이것은 그녀의 책가방이 아니다.

这不是她的书包。

쪄 뿌식 타 떠 슈빠오.

Zhè bú shì tā de shūbāo.

활용하기 주어진 단어를 활용하여 A不是B 형식의 문장을 완성해 보세요.

韩国人　不是　她

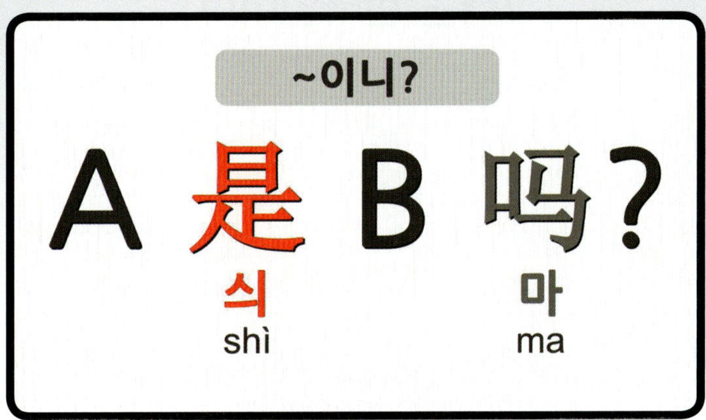

 패턴에 유의하여 한자를 따라 써 봅시다.

너는 학생이니?

你是学生吗?

니 쉬 쒸에셩 마?

Nǐ shì xuésheng ma?

그는 선생님이니?

他是老师吗?

타 쉬 라오쉬 마?

Tā shì lǎoshī ma?

그녀는 한국인이니?

她是韩国人吗?

타 **싀** 한꾸어련 마?

Tā shì hánguórén ma?

이것이 그녀의 책가방이니?

这是她的书包吗?

쪄 싀 타 떠 슈빠오 마?

Zhè shì tā de shūbāo ma?

활용하기 주어진 단어를 활용하여 A是 B 吗 형식의 문장을 완성해 보세요.

这　的　是　吗
你　桌子

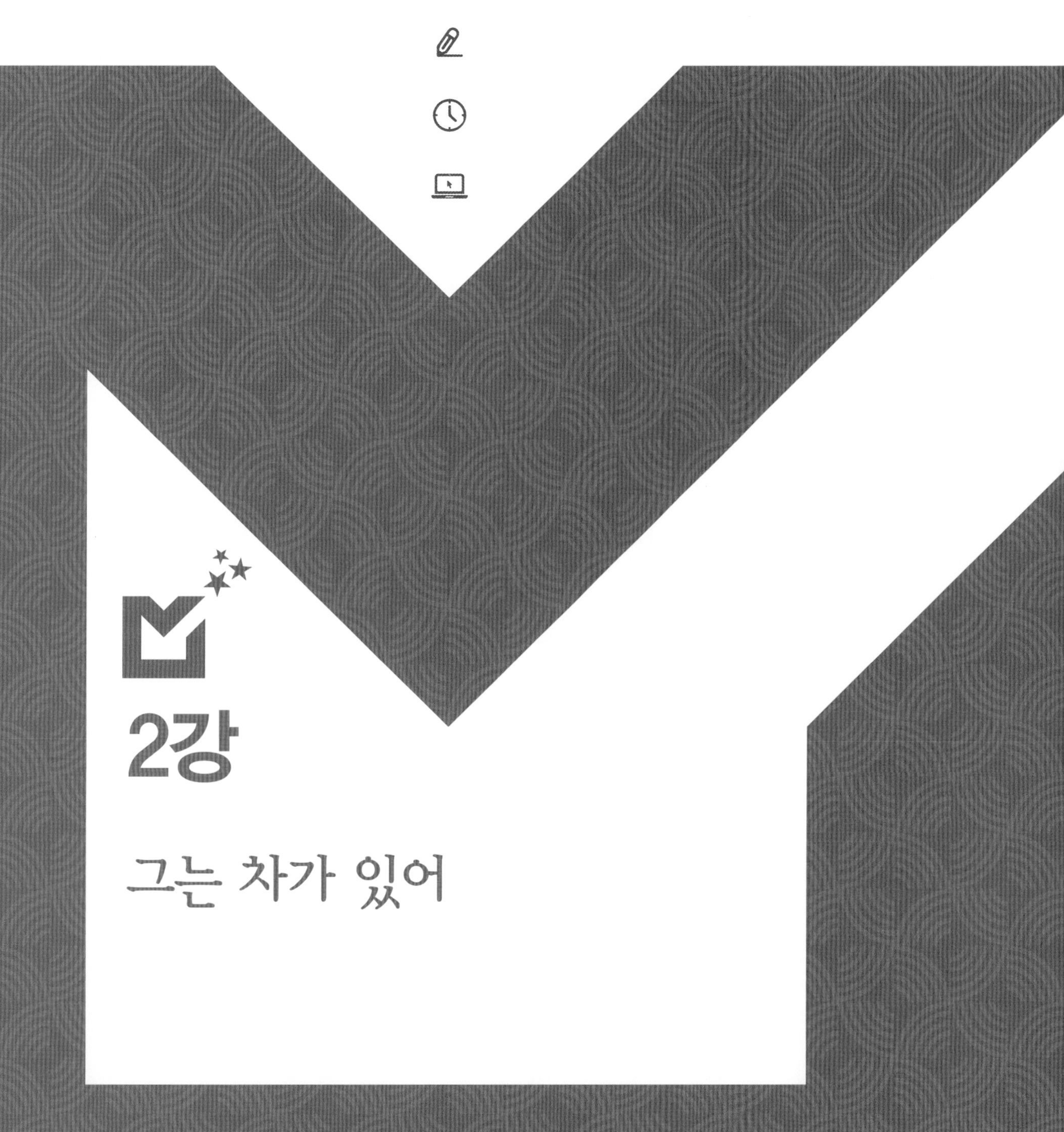

2강

그는 차가 있어

A는 B가 있다 [A有B]
A는 B가 없다 [A没有B]
A는 B가 있니? [A有B吗]

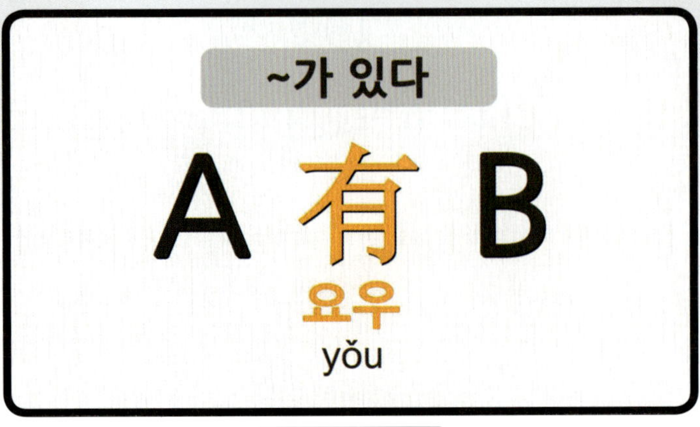

 패턴에 유의하여 한자를 따라 써 봅시다.

그는 자동차가 있다.

他有汽车.

타 **요우** 치쳐.

Tā yǒu qìchē.

우리는 돈이 있다.

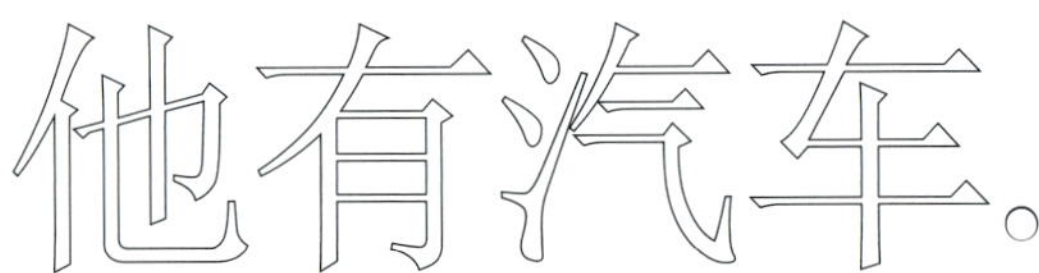

我们有钱.

워먼 **요우** **치앤**.

Wǒmen yǒu qián.

여기 빵이 있다.

这儿有面包.

쩔으 요우 미앤빠오.

Zhèr yǒu miànbāo.

그녀는 휴지가 있다.

她有手纸.

타 요우 쇼우찌.

Tā yǒu shǒuzhǐ.

활용하기 주어진 단어를 활용하여 A有B 형식의 문장을 완성해 보세요.

有 我 朋友

 패턴에 유의하여 한자를 따라 써 봅시다.

나는 친구가 없다.

我没有朋友。

워 메이요우 펑요우.

Wǒ méiyǒu péngyou.

우리는 돈이 없다.

我们没有钱。

워먼 메이요우 치앤.

Wǒmen méiyǒu qián.

여기 빵이 없다.

这儿没有面包。

쪄얼 메이요우 미앤빠오.

Zhèr méiyǒu miànbāo.

그녀는 휴지가 없다.

她没有手纸。

타 메이요우 쇼우찌.

Tā méiyǒu shǒuzhǐ.

활용하기 주어진 단어를 활용하여 A没有B 형식의 문장을 완성해 보세요.

汽车　没有　他

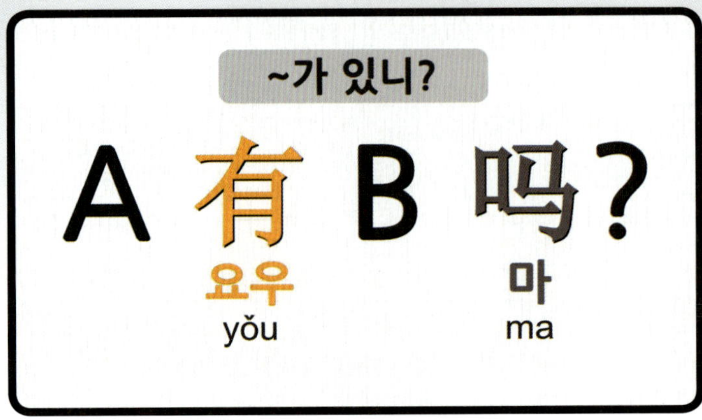

 패턴에 유의하여 한자를 따라 써 봅시다.

너는 친구가 있니?

你有朋友吗?

니 요우 펑요우 마?

Nǐ yǒu péngyou ma?

그는 자동차가 있니?

他有汽车吗?

타 요우 치쳐 마?

Tā yǒu qìchē ma?

너 휴지 있니?

你有手纸吗？

니 요우 쇼우찌 마?

Nǐ yǒu shǒuzhǐ ma?

너희는 돈이 있니?

你们有钱吗？

니먼 요우 치앤 마?

Nǐmen yǒu qián ma?

활용하기 주어진 단어를 활용하여 A有B吗 형식의 문장을 완성해 보세요.

面包 这儿
吗 有

Memo

3강

우리는 술 마시는 것을 좋아해

A는 B를 좋아한다 [A喜欢B]
A는 B를 좋아하지 않는다 [A不喜欢B]
A를 좋아하니? [喜欢A吗]

 패턴에 유의하여 한자를 따라 써 봅시다.

나는 그를 좋아해.

我喜欢他.

워 씨후안 타.

Wǒ xǐhuan tā.

그녀는 스테이크를 좋아한다.

她喜欢牛排.

타 씨후안 니요우파이.

Tā xǐhuan niúpái.

패턴에 유의하여 한자를 따라 써 봅시다.

그는 영화 보는 것을 좋아한다.

他喜欢看电影。

타 씨후안 칸 띠앤잉.

Tā xǐhuan kàn diànyǐng.

그들은 그림 그리는 것을 좋아한다.

他们喜欢画画。

타먼 씨후안 후아후아.

Tāmen xǐhuan huàhuà.

활용하기 주어진 단어를 활용하여 A喜欢B 형식의 문장을 완성해 보세요.

我们　酒

喝　喜欢

 패턴에 유의하여 한자를 따라 써 봅시다.

나는 그를 좋아하지 않아.

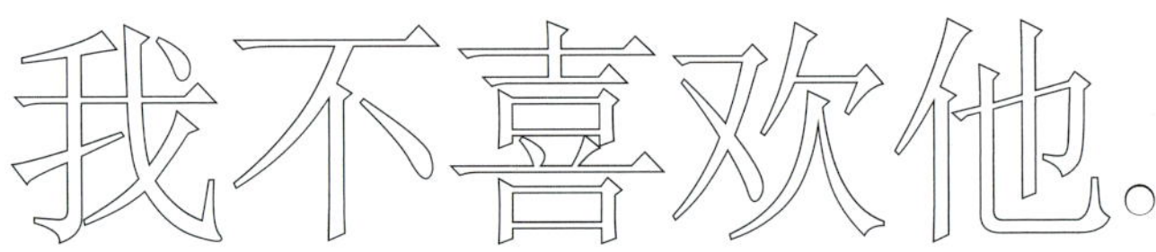

我不喜欢他.

워 뿌 씨후안 타.

Wǒ bù xǐhuan tā.

그는 영화 보는 것을 좋아하지 않는다.

他不喜欢看电影.

타 뿌 씨후안 칸 띠앤잉.

Tā bù xǐhuan kàn diànyǐng.

그들은 그림 그리는 것을 좋아하지 않는다.

他们不喜欢画画.

타먼 **뿌** 씨후안 **후아후아**.

Tāmen bù xǐhuan huàhuà.

우리는 술 마시는 것을 좋아하지 않는다.

我们不喜欢喝酒.

워먼 **뿌** 씨후안 허 **찌요우**.

Wǒmen bù xǐhuan hē jiǔ.

활용하기   주어진 단어를 활용하여 A不喜欢B 형식의 문장을 완성해 보세요.

喜欢 不
牛排 她

 패턴에 유의하여 한자를 따라 써 봅시다.

너는 그를 좋아하니?

你喜欢他吗?

니 씨후안 타 마?

Nǐ xǐhuan tā ma?

그녀는 스테이크를 좋아하니?

她喜欢牛排吗?

타 씨후안 니우파이 마?

Tā xǐhuan niúpái ma?

패턴에 유의하여 한자를 따라 써 봅시다.

그는 영화 보는 것을 좋아하니?

他喜欢看电影吗?

타 **씨후안** **칸 띠앤잉** 마?

Tā xǐhuan kàn diànyǐng ma?

너희는 술 마시는 것을 좋아하니?

你们喜欢喝酒吗?

니먼 **씨후안** 허 **찌요우** 마?

Nǐmen xǐhuan hē jiǔ ma?

활용하기   주어진 단어를 활용하여 **喜欢**A吗 형식의 문장을 완성해 보세요.

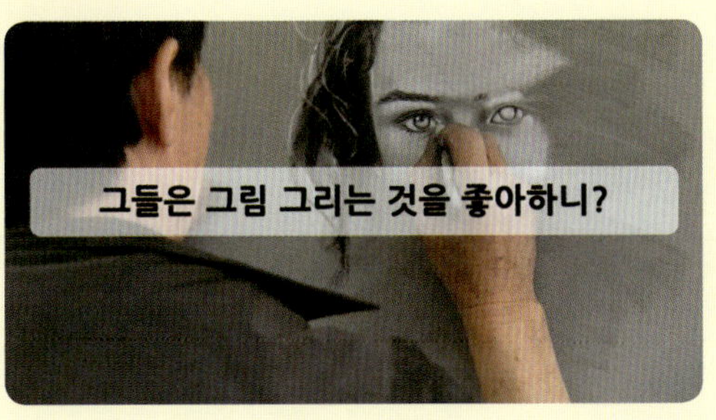

画画   他们

吗   喜欢

Memo

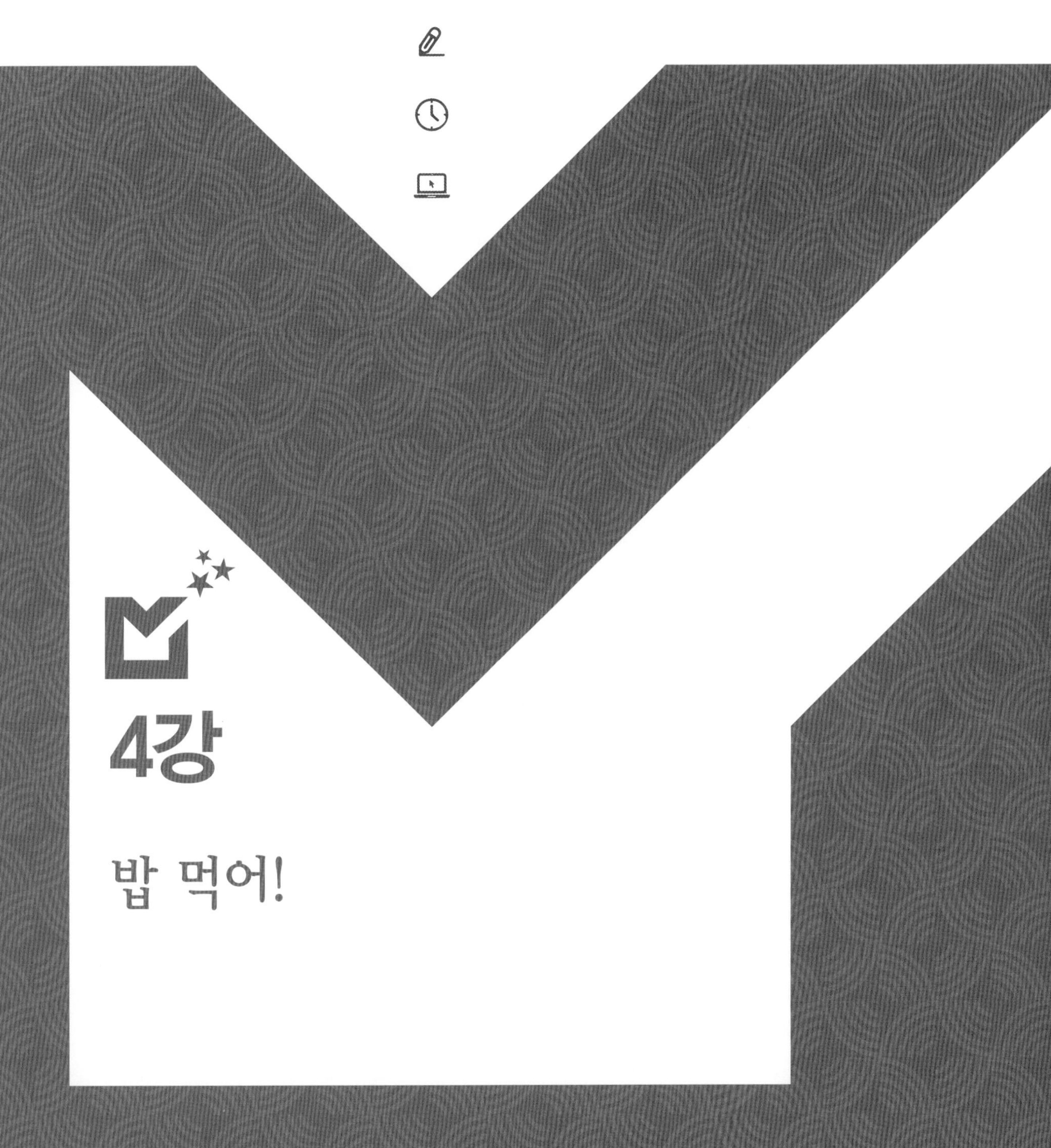

4강

밥 먹어!

~ 해라 [A吧]

📝 패턴에 유의하여 한자를 따라 써 봅시다.

밥 먹어!

칙 **판** 빠!

Chī fàn ba!

영화 봐!

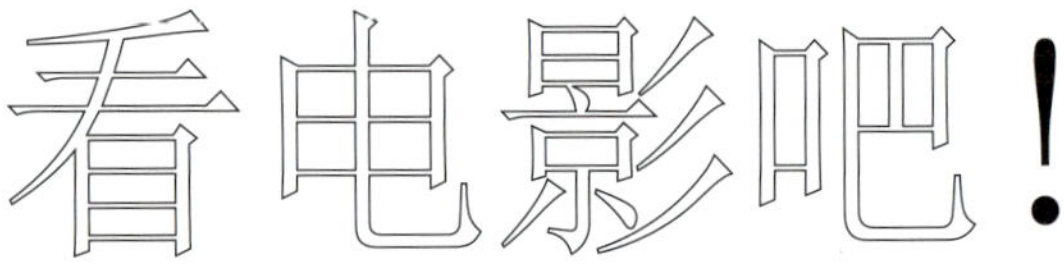

칸 띠앤잉 빠!

Kàn diànyǐng ba!

 패턴에 유의하여 한자를 따라 써 봅시다.

술 마셔!

喝酒吧！

허 찌요우 빠!

Hē jiǔ ba!

집에 가!

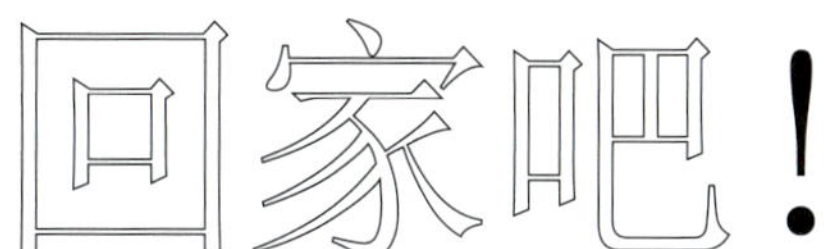

후에이찌아 빠!

Huíjiā ba!

공부해!

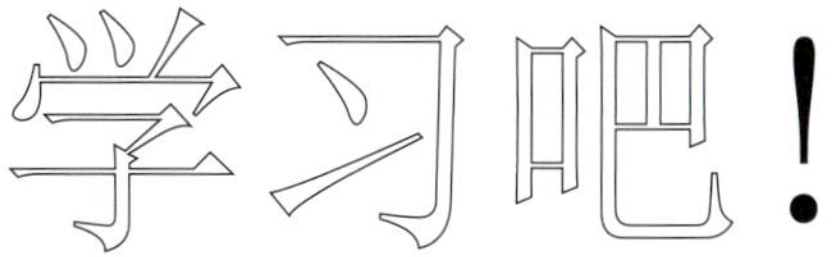

쒸에씨 빠!

Xuéxí ba!

 패턴에 유의하여 한자를 따라 써 봅시다.

자!

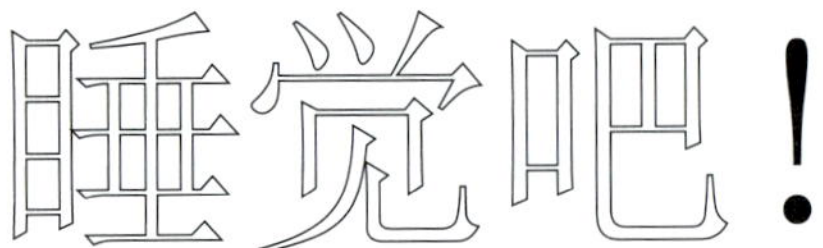

슈에이찌아오 빠!

Shuìjiào ba!

일어나!

起床吧！

치츄앙 빠!

Qǐchuáng ba!

들어가!

进去吧！

찐취 빠!

Jìnqu ba!

나가!

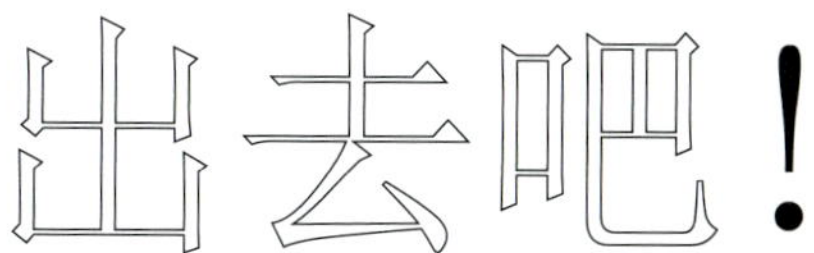

츄취 빠!

Chūqu ba!

앉아!

쭈어 빠!

Zuò ba!

跑⬜!

파오
Pǎo

打扫⬜!

따싸오
Dǎsǎo

照相⬜!

쨔오씨앙
Zhàoxiàng

5강

웃지 마!

~ 하지 마라 [别 A 了]

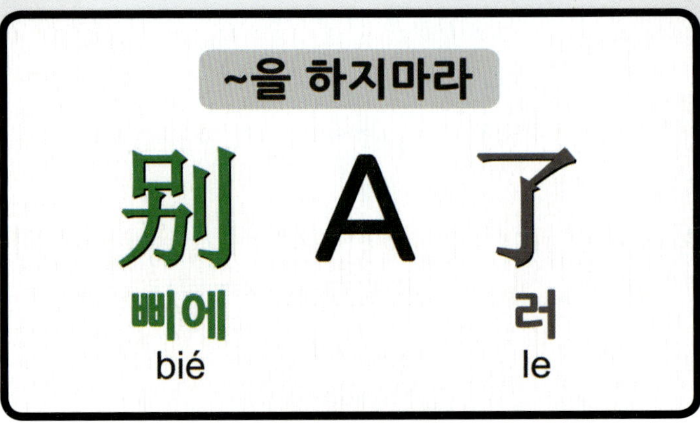

 패턴에 유의하여 한자를 따라 써 봅시다.

가지 마.

别走了。

삐에 **쪼우** 러.

Bié zǒu le.

앉지 마.

别坐了。

삐에 **쭈어** 러.

Bié zuò le.

보지 마.

삐에 **칸** 러.

Bié kàn le.

말하지 마.

삐에 슈어 러.

Bié shuō le.

묻지 마.

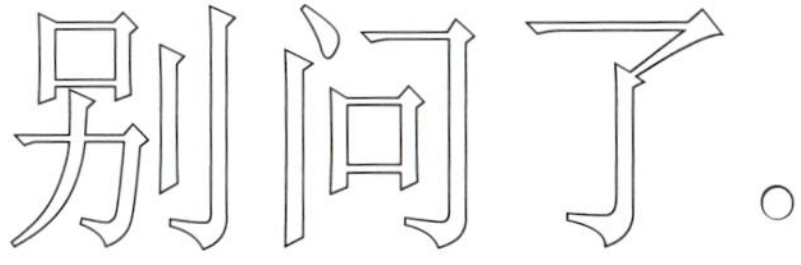

삐에 **원** 러.

Bié wèn le.

웃지 마.

别笑了.

삐에 씨아오 러.

Bié xiào le.

먹지 마.

别吃了.

삐에 칙 러.

Bié chī le.

마시지 마.

别喝了.

삐에 허 러.

Bié hē le.

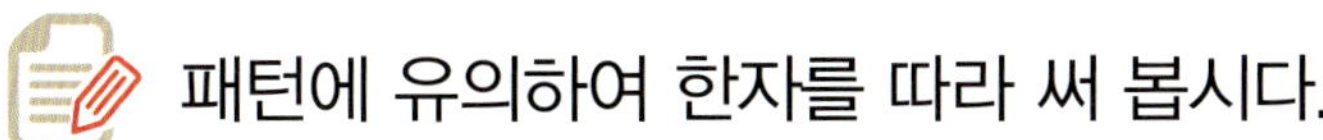

열지 마.

别开了。

삐에 카이 러.

Bié kāi le.

닫지 마.

别关了。

삐에 꾸안 러.

Bié guān le.

사지 마.

别买了。

삐에 마이 러.

Bié mǎi le.

지각하지 마.

别迟到了。

삐에 츠따오 러.

Bié chídào le.

마법처럼 풀리는 **마풀중국어**

☐ 来 ☐.
라이
lái

☐ 睡 ☐.
슈에이
shuì

☐ 伤心 ☐.
샹씬
shāngxīn

6강

빨리 해 주세요

~ 해 주세요 [请A]

패턴에 유의하여 한자를 따라 써 봅시다.

앉으세요.

칭 쭈어.

Qǐng zuò.

들어오세요.

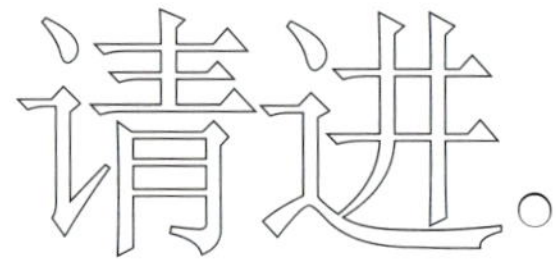

칭 찐.

Qǐng jìn.

빨리 해 주세요.

请尽快。

칭 찐쿠아이.

Qǐng jìnkuài.

기다려 주세요.

请稍等。

칭 샤오 떵.

Qǐng shāo děng.

주문해 주세요.

请订购。

칭 띵꼬우.

Qǐng dìnggòu.

구매해 주세요.

请购买。

칭 꼬우마이.

Qǐng gòumǎi.

 패턴에 유의하여 한자를 따라 써 봅시다.

잘 부탁드립니다.

请多关照.

칭 뚜어 꾸안**쨔오**.

Qǐng duō guānzhào.

확인하세요.

칭 **취에런**.

Qǐng quèrèn.

연락 주세요.

칭 **리앤씨**.

Qǐng liánxì.

패턴에 유의하여 한자를 따라 써 봅시다.

좀 비켜 주세요.

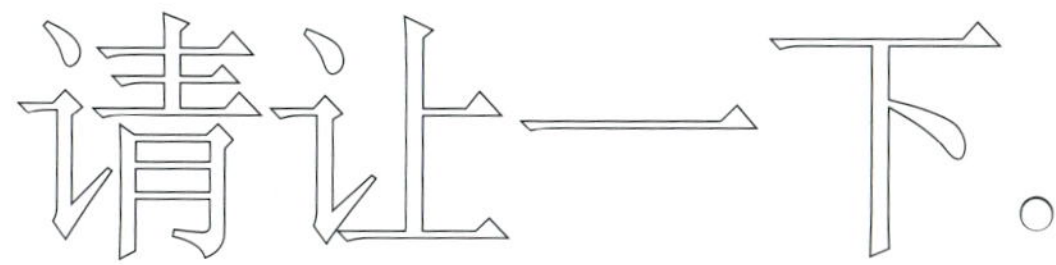

칭 랑 이씨아.

Qǐng ràng yíxià.

좀 조용히 해 주세요.

칭 안찡 이씨아.

Qǐng ānjìng yíxià.

다시 한번 말씀해 주세요.

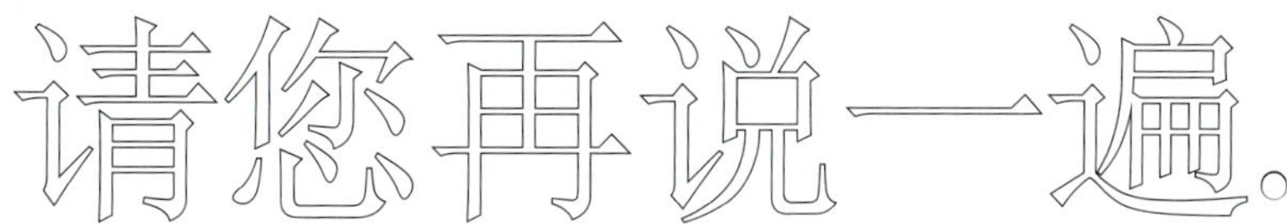

칭 닌 짜이 슈어 이삐앤.

Qǐng nín zài shuō yíbiàn.

우리말 뜻에 맞게 문장을 완성해 보세요.

☐ 观看。
꾸안칸
guānkàn

☐ 选择。
쒸앤쩌
xuǎnzé

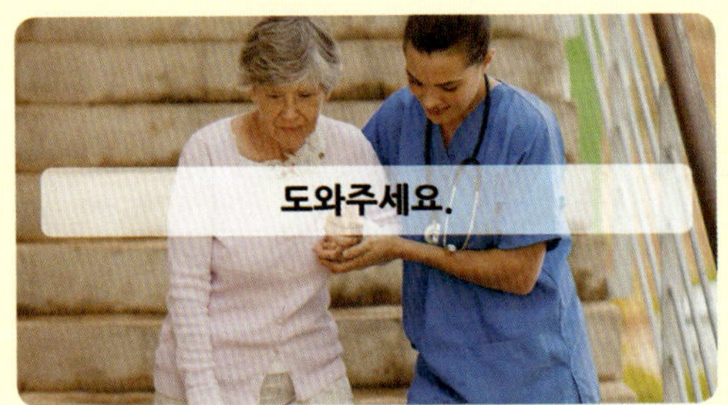

☐ 帮个忙。
빵 꺼 망
bāng ge máng

7강

오빠는 내년에 결혼할 예정이야

~ 할 예정이야 [A打算B]

 패턴에 유의하여 한자를 따라 써 봅시다.

할아버지는 이사할 예정이야.

爷爷打算搬家。

예예 **따**쑤안 빤찌아.

Yéye dǎsuan bānjiā.

할머니는 병원에 갈 예정이야.

奶奶打算去医院。

나이나이 **따**쑤안 **취** 이위앤.

Nǎinai dǎsuan qù yīyuàn.

엄마는 쇼핑을 할 예정이야.

妈妈打算去逛街.

마마 **따쑤안** **취 꾸앙**찌에.

Māma dǎsuan qù guàngjiē.

아빠는 차를 살 예정이야.

爸爸打算买车.

빠빠 **따쑤안** **마이** 쳐.

Bàba dǎsuan mǎi chē.

언니는 여행 갈 예정이야.

姐姐打算去旅行.

찌에찌에 **따쑤안** **취 뤼**씽.

Jiějie dǎsuan qù lǚxíng.

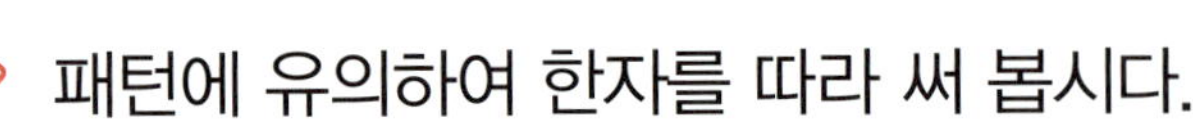 패턴에 유의하여 한자를 따라 써 봅시다.

오빠는 결혼할 예정이야.

哥哥打算结婚.

꺼꺼 **따**쑤안 **찌**에훈.

Gēge dǎsuan jiéhūn.

난 친구를 만날 예정이야.

我打算见朋友.

워 **따**쑤안 **찌앤** **펑**요우.

Wǒ dǎsuan jiàn péngyou.

할아버지는 오늘 이사할 예정이야.

爷爷今天打算搬家.

예예 **찐**티앤 **따**쑤안 **빤**찌아.

Yéye jīntiān dǎsuan bānjiā.

아빠는 다음 달에 차를 살 예정이야.

爸爸下个月打算买车。

빠빠 씨아 꺼 위에 따쑤안 마이 쳐.

Bàba xià ge yuè dǎsuan mǎi chē.

오빠는 내년에 결혼할 예정이야.

哥哥明年打算结婚。

꺼꺼 밍니앤 따쑤안 찌에훈.

Gēge míngnián dǎsuan jiéhūn.

난 지금 친구를 만날 예정이야.

我现在打算见朋友。

워 씨앤짜이 따쑤안 찌앤 펑요우.

Wǒ xiànzài dǎsuan jiàn péngyou.

医院 奶奶
明天 去 打算

去 打算 妈妈
这个星期 逛街

姐姐 打算 去
旅行 今年

8강

고궁은 어떻게 가나요?

~에 어떻게 가? [A怎么走?]

 패턴에 유의하여 한자를 따라 써 봅시다.

당신네 집은 어떻게 가나요?

你的家怎么走?

니 떠 찌아 쩐머 쪼우?

Nǐ de jiā zěnme zǒu?

회사에 어떻게 가나요?

公司怎么走?

꽁쓰 쩐머 쪼우?

Gōngsī zěnme zǒu?

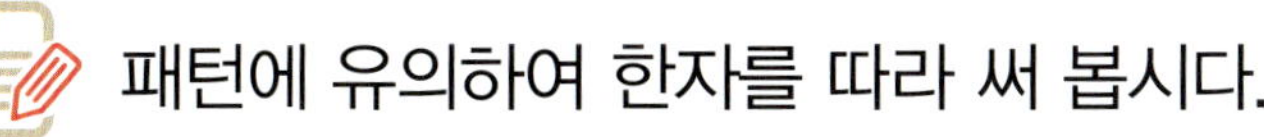 패턴에 유의하여 한자를 따라 써 봅시다.

지하철역은 어떻게 가나요?

地铁站怎么走?

띠티에쨘 쩐머 쪼우?

Dìtiězhàn zěnme zǒu?

공항은 어떻게 가나요?

机场怎么走?

찌챵 쩐머 쪼우?

Jīchǎng zěnme zǒu?

병원은 어떻게 가나요?

医院怎么走?

이위앤 쩐머 쪼우?

Yīyuàn zěnme zǒu?

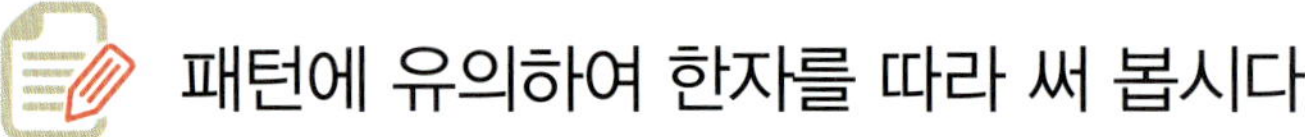

패턴에 유의하여 한자를 따라 써 봅시다.

호텔은 어떻게 가나요?

饭店怎么走?

한띠앤 쩐머 쪼우?

Fàndiàn zěnme zǒu?

미용실은 어떻게 가나요?

美容院怎么走?

메이룽위앤 쩐머 쪼우?

Měiróngyuàn zěnme zǒu?

고궁은 어떻게 가나요?

古宫怎么走?

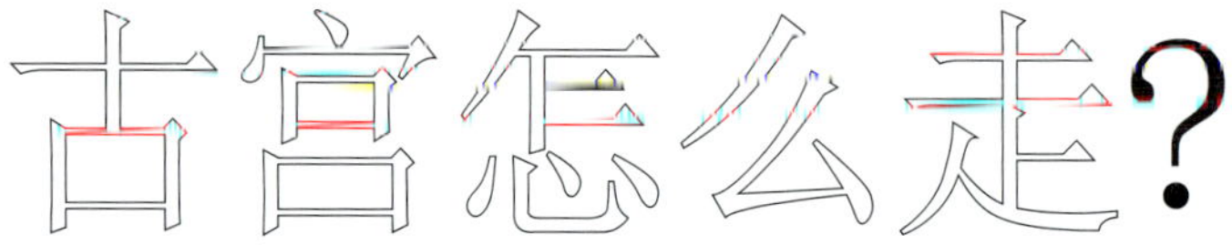

꾸꿍 쩐머 쪼우?

Gǔgōng zěnme zǒu?

 패턴에 유의하여 한자를 따라 써 봅시다.

와이탄은 어떻게 가나요?

外滩怎么走?

와이탄 쩐머 쪼우?

Wàitān zěnme zǒu?

신천지는 어떻게 가나요?

新天地怎么走?

씬티앤띠 쩐머 쪼우?

Xīntiāndì zěnme zǒu?

우리말 뜻에 맞게 문장을 완성해 보세요.

公**共汽车**站 ⬜ ?

꽁꽁 치쳐 짠
Gōnggòng qìchē zhàn

百货商店 ⬜ ?

빠이후어 샹띠앤
Bǎihuò shāngdiàn

长城 ⬜ ?

챵쳥
Chángchéng

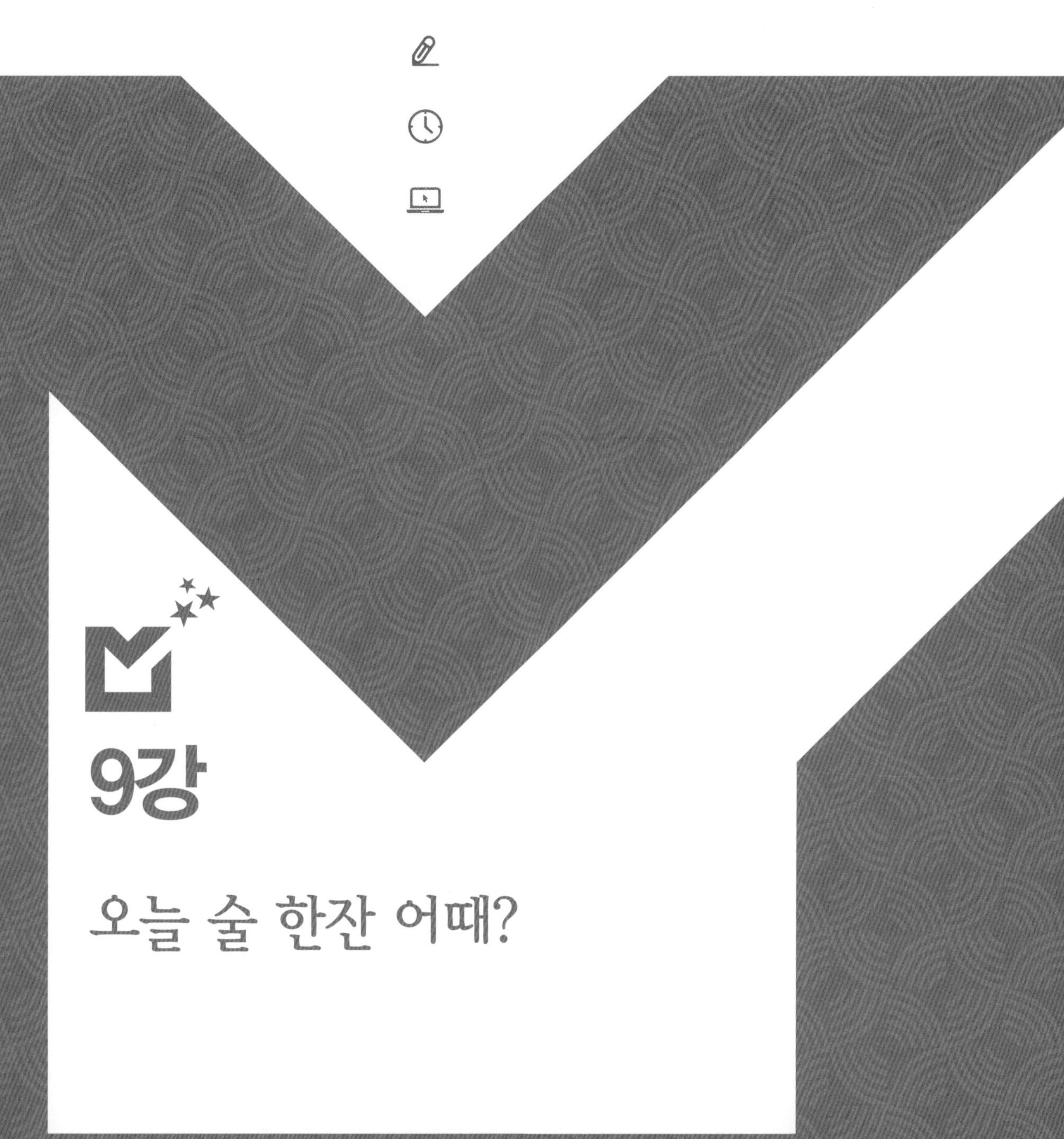

9강

오늘 술 한잔 어때?

~ 어때? [A怎么样?]

 패턴에 유의하여 한자를 따라 써 봅시다.

이건 어때?

这个怎么样?

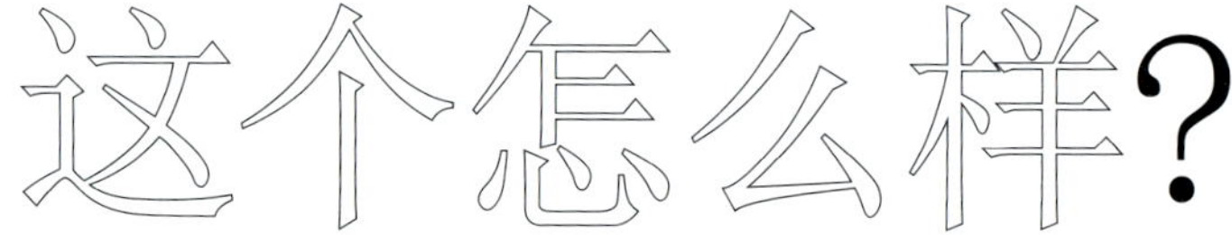

이 사람은 어때?

这个人怎么样?

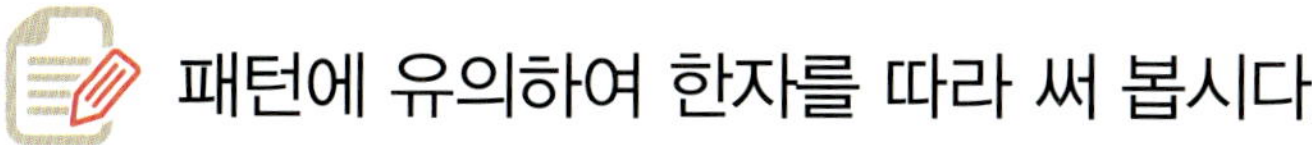 패턴에 유의하여 한자를 따라 써 봅시다.

이 음식은 어때?

这个菜怎么样?

쪄 꺼 차이 쩐머양?

Zhè ge cài zěnmeyàng?

이 영화는 어때?

这部电影怎么样?

쪄 뿌 띠앤잉 쩐머양?

Zhè bù diànyǐng zěnmeyàng?

내 사진은 어때?

我的相片怎么样?

워 떠 씨앙피앤 쩐머양?

Wǒ de xiàngpiàn zěnmeyàng?

내 남자친구 어때?

我的男朋友怎么样?

워 떠 난펑요우 쩐머양?

Wǒ de nánpéngyou zěnmeyàng?

오늘 날씨 어때?

今天天气怎么样?

찐티앤 티앤치 쩐머양?

Jīntiān tiānqì zěnmeyàng?

오늘 기분 어때?

今天心情怎么样?

찐티앤 씬칭 쩐머양?

Jīntiān xīnqíng zěnmeyàng?

 패턴에 유의하여 한자를 따라 써 봅시다.

내일 커피 한잔 어때?

明天喝一杯咖啡，怎么样？

밍티앤 허 이뻬이 카페이, 쩐머양?

Míngtiān hē yìbēi kāfēi, zěnmeyàng?

내일 나와 데이트하는 건 어때?

明天跟我出去，怎么样？

밍티앤 껀 워 츄취, 쩐머양?

Míngtiān gēn wǒ chūqu, zěnmeyàng?

这个食堂 □ ?

쩌 꺼 식탕
Zhè ge shítáng

쩌 찌앤 이푸
Zhè jiàn yīfu

 ?

今天喝一杯酒, □ ?

찐티앤 허 이뻬이 찌요우
Jīntiān hē yìbēi jiǔ

10강

조금 피곤해

조금 ~하다 [有点儿A]

 패턴에 유의하여 한자를 따라 써 봅시다.

조금 추워.

有点儿冷。

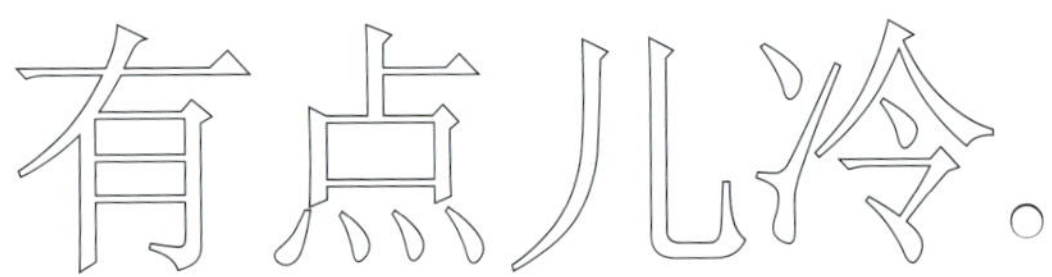

조금 더워.

有点儿热。

요우 띠앤ㅇ 러.

Yǒu diǎnr rè.

조금 배고파.

有 点 儿 饿.

요우 띠앤ㅇ 어.

Yǒu diǎnr è.

조금 짜.

有 点 儿 咸.

요우 띠앤ㅇ 씨앤.

Yǒu diǎnr xián.

조금 냄새나.

有 点 儿 臭.

요우 띠앤ㅇ 쵸우.

Yǒu diǎnr chòu.

조금 더러워.

有 点 儿 脏.

요우 띠앤ㅇ 짱.

Yǒu diǎnr zāng.

조금 비싸.

有 点 儿 贵.

요우 띠앤ㅇ 꾸에이.

Yǒu diǎnr guì.

조금 바빠.

有 点 儿 忙.

요우 띠앤ㅇ 망.

Yǒu diǎnr máng.

조금 아파.

有点儿痛.

요우 띠앤儿 통.

Yǒu diǎnr tòng.

조금 어려워.

有点儿难.

요우 띠앤儿 난.

Yǒu diǎnr nán.

조금 낡았어.

有点儿老.

요우 띠앤儿 라오.

Yǒu diǎnr lǎo.

조금 시끄러워.

有点儿吵.

요우 띠앤儿 챠오.

Yǒu diǎnr chǎo.

조금 무서워.

有点儿害怕.

요우 띠앤儿 하이파.

Yǒu diǎnr hàipà.

조금 심심해.

有点儿无聊.

요우 띠앤儿 우리아오.

Yǒu diǎnr wúliáo.

◻︎ 累。
레이.
lèi.

◻︎ 吃劲。
츠찐.
chījìn.

◻︎ 孤单。
꾸딴.
gūdān.

Memo

11강

너무 비싸요

너무 ~하다 [太A了]

마법처럼 풀리는 마풀중국어

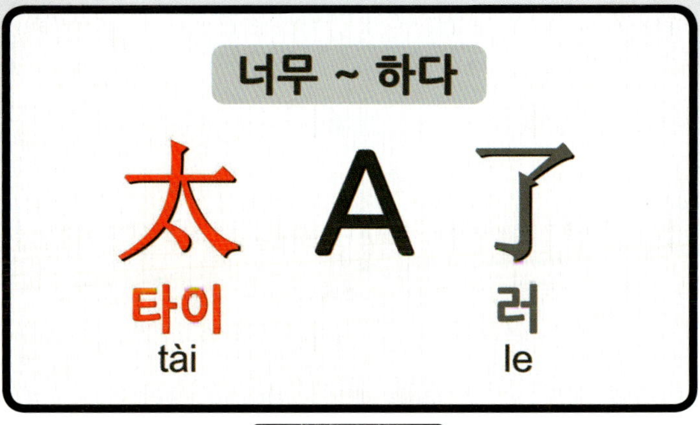

📝 패턴에 유의하여 한자를 따라 써 봅시다.

너무 많아요.

太多了。

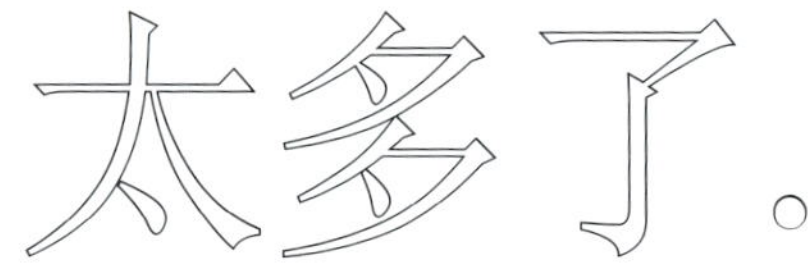

타이 뚜어 러.

Tài duō le.

너무 비싸요.

太贵了。

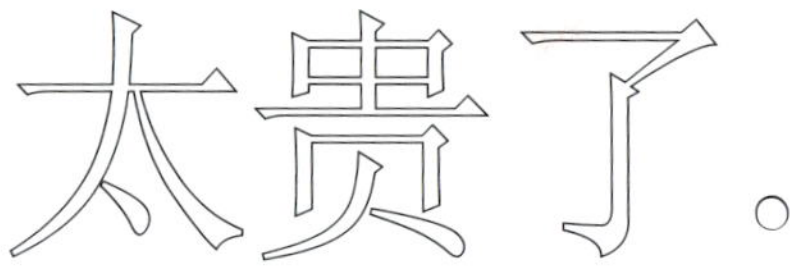

타이 꾸에이 러.

Tài guì le.

너무 빨라요.

太快了.

타이 쿠아이 러.

Tài kuài le.

너무 느려요.

太慢了.

타이 만 러.

Tài màn le.

너무 좁아요.

太窄了.

타이 쨔이 러.

Tài zhǎi le.

너무 바빠요.

太忙了.

타이 망 러.

Tài máng le.

너무 피곤해요.

太累了.

타이 레이 러.

Tài lèi le.

너무 늦었어요.

太迟了.

타이 츠 러.

Tài chí le.

 패턴에 유의하여 한자를 따라 써 봅시다.

너무 배불러요.

太饱了。

타이 빠오 러.

Tài bǎo le.

너무 짜요.

太咸了。

타이 씨앤 러.

Tài xián le.

너무 뜨거워요.

太烫了。

타이 탕 러.

Tài tàng le.

너무 시끄러워요.

太吵了。

타이 챠오 러.

Tài chǎo le.

너무 촌스러워요.

太土了。

타이 투 러.

Tài tǔ le.

너무 아쉬워요.

太可惜了。

타이 커씨 러.

Tài kěxī le.

우리말 뜻에 맞게 문장을 완성해 보세요.

☐ 麻烦 ☐ 。

마판
máfan

☐ 烦恼 ☐ 。

판나오
fánnǎo

☐ 悲痛 ☐ 。

삐이통
bēitòng

Memo

12강

그는 딤섬과 탕수육을 먹습니다

~와 [A和B]

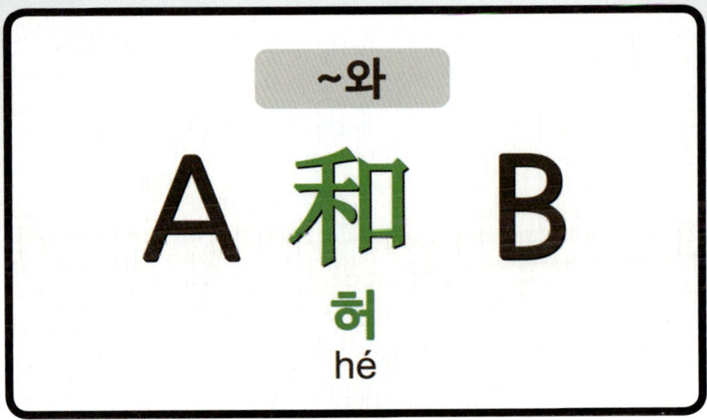

 패턴에 유의하여 한자를 따라 써 봅시다.

나는 책과 펜이 있어.

我有书和笔.

워 요우 슈 허 삐.

Wǒ yǒu shū hé bǐ.

그녀는 강아지와 고양이가 있어.

她有小狗和猫.

타 요우 씨아오 꼬우 허 마오.

Tā yǒu xiǎo gǒu hé māo.

그들은 현금과 신용카드가 있어.

他们有现金和信用卡。

타먼 요우 씨앤찐 허 씬용카.

Tāmen yǒu xiànjīn hé xìnyòngkǎ.

나는 녹색과 파란색을 좋아합니다.

我喜欢绿色和蓝色。

워 씨후안 뤼써 허 란써.

Wǒ xǐhuan lǜsè hé lánsè.

엄마는 TV드라마와 영화를 좋아합니다.

妈妈喜欢电视剧和电影。

마마 씨후안 띠앤식쮜 허 띠앤잉.

Māma xǐhuan diànshìjù hé diànyǐng.

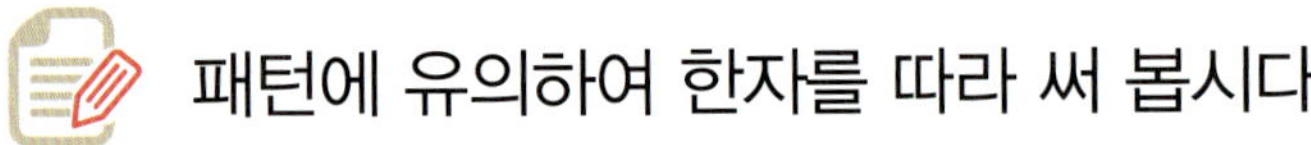

우리 가족은 축구와 야구를 좋아합니다.

我们家庭喜欢足球和棒球.

워먼 찌아팅 씨후안 쭈치요우 허 빵치요우.

Wǒmen jiātíng xǐhuan zúqiú hé bàngqiú.

나는 빵과 만두를 먹습니다.

我吃面包和包子.

워 츠 미앤빠오 허 빠오쯔.

Wǒ chī miànbāo hé bāozi.

그는 딤섬과 탕수육을 먹습니다.

他吃点心和锅包肉.

타 츠 띠앤씬 허 꾸어빠오로우.

Tā chī diǎnxin hé guōbāoròu.

 패턴에 유의하여 한자를 따라 써 봅시다.

그는 볶음밥과 누룽지탕을 먹습니다.

他吃炒饭和锅巴汤。

타 칙 챠오판 허 꾸어빠탕.

Tā chī chǎofàn hé guōbātāng.

저 관광객은 양꼬치와 훠궈를 먹습니다.

那个游人吃羊肉串和火锅。

나 꺼 요우런 칙 양로우츄안 허 후어꾸어.

Nà ge yóurén chī yángròuchuàn hé huǒguō.

우리말 뜻에 맞게 문장을 완성해 보세요.

我有钱包☐手机。

워 요우 치앤빠오 / 쇼우찌.
Wǒ yǒu qiánbāo / shǒujī.

他有汽车☐房子。

타 요우 치쳐 / 팡쯔.
Tā yǒu qìchē / fángzi.

兔子喜欢胡萝卜☐草莓。

투쯔 씨후안 후루어뽀 / 차오메이.
Tùzi xǐhuan húluóbo / cǎoméi.

13강

나도 모르겠어

~도 [A也B]

A 也 B

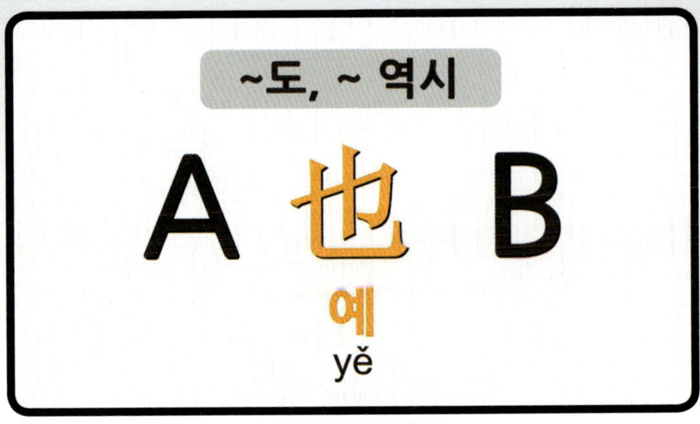

패턴에 유의하여 한자를 따라 써 봅시다.

나도 바빠.

我也很忙。

워 예 헌 망.

Wǒ yě hěn máng.

나도 기뻐.

我也很高兴。

워 예 헌 까오씽.

Wǒ yě hěn gāoxìng.

나도 모르겠어.

我也不知道.

워 예 뿌 찌따오.

Wǒ yě bù zhīdào.

그도 배고파.

他也饿了.

타 예 어 러.

Tā yě è le.

그도 학생이야.

他也是学生.

타 예 싀 쒸에셩.

Tā yě shì xuésheng.

그녀도 귀여워.

她也很可爱.

타 예 헌 커아이.

Tā yě hěn kě'ài.

 패턴에 유의하여 한자를 따라 써 봅시다.

그녀도 등산을 좋아해.

她也喜欢爬山。

타 예 씨후안 파샨.

Tā yě xǐhuan páshān.

그녀도 커피 마시는 것을 좋아해.

她也喜欢喝咖啡。

타 예 씨후안 허 카페이.

Tā yě xǐhuan hē kāfēi.

이 옷도 예뻐.

这件衣服也很漂亮。

쪄 찌앤 이푸 예 헌 피아오리앙.

Zhè jiàn yīfu yě hěn piàoliang.

이 침대도 편해.

这个床也很舒服.

쪄 꺼 츄앙 예 헌 슈푸.

Zhè ge chuáng yě hěn shūfu.

이 음식도 매워.

这个饭菜也很辣.

쪄 꺼 판차이 예 헌 라.

Zhè ge fàncài yě hěn là.

하늘도 바다도 푸르러.

天也蓝海也蓝.

티앤 예 란 하이 예 란.

Tiān yě lán hǎi yě lán.

我 ☐ 很好。
워　　헌 하오.
Wǒ　　hěn hǎo.

我 ☐ 很累。
워　　헌 레이.
Wǒ　　hěn lèi.

这个价格 ☐ 很高。
쩌 꺼 찌아꺼　　헌 까오.
Zhè ge jiàgé　　hěn gāo.

14강

다시 한번 말씀해주세요

또, 다시, 더 [再A]

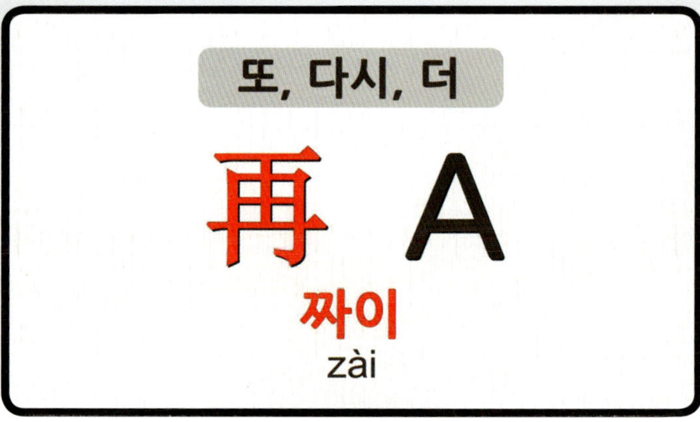

 패턴에 유의하여 한자를 따라 써 봅시다.

또 만나요.

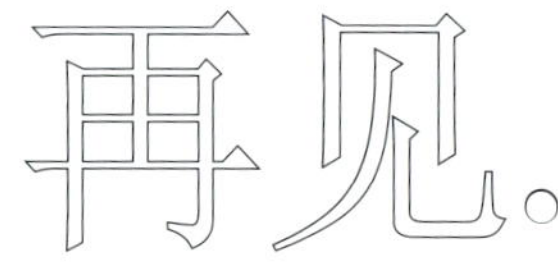

짜이 찌앤.

Zài jiàn.

또 마시자.

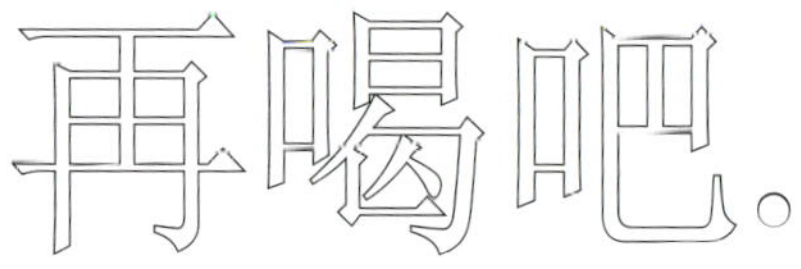

짜이 허 빠.

Zài hē ba.

또 가자.

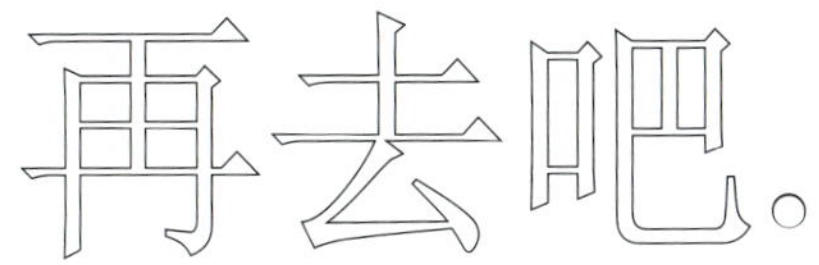

짜이 취 빠.

Zài qù ba.

다시 올게요.

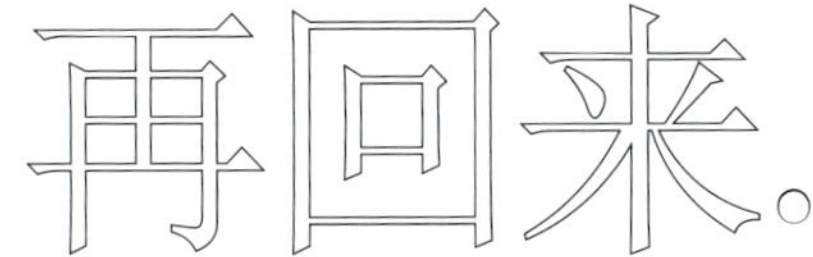

짜이 후에이라이.

Zài huílái.

다시 생각해 주세요.

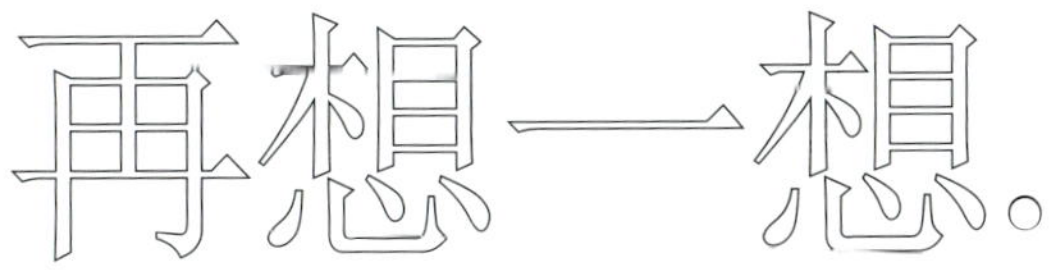

짜이 씨앙 이 씨앙.

Zài xiǎng yi xiǎng.

또 연락하겠습니다.

再联系吧.

짜이 리앤씨 빠.

Zài liánxì ba.

다시 한 번 해 봐.

再试一试.

짜이 싀 이 싀.

Zài shì yi shì.

다시 한 번 말씀해 주세요.

再说一遍.
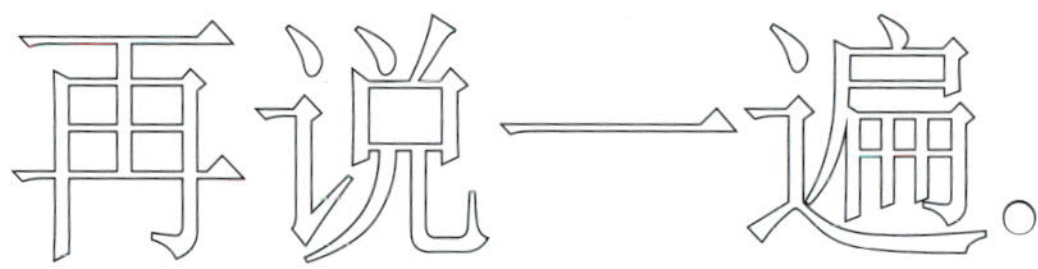

짜이 슈어 이삐앤.

Zài shuō yíbiàn.

 패턴에 유의하여 한자를 따라 써 봅시다.

또 한 잔 주세요.

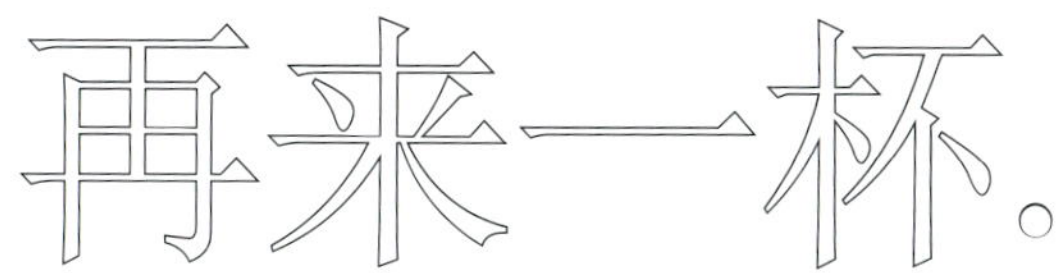

짜이 라이 이뻬이.

Zài lái yìbēi.

다시 노력합시다.

再努力吧.

짜이 누리 빠.

Zài nǔlì ba.

다시 부탁드려요.

再拜托您.

짜이 빠이투어 닌.

Zài bàituō nín.

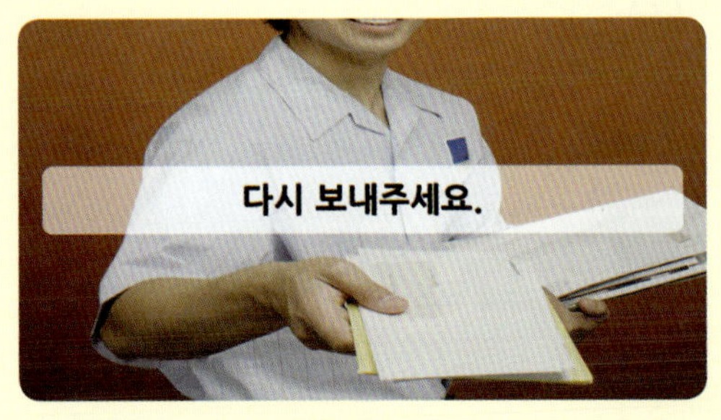

☐ 发一下。

팜 이씨아.

fā yíxià.

☐ 找一下。

쨔오 이씨아.

zhǎo yíxià.

☐ 调查一下。

띠아오챠 이씨아.

diàochá yíxià.

15강

우리는 자주 만나

자주, 종종 [A常常B]

 패턴에 유의하여 한자를 따라 써 봅시다.

나는 종종 공원에 가.

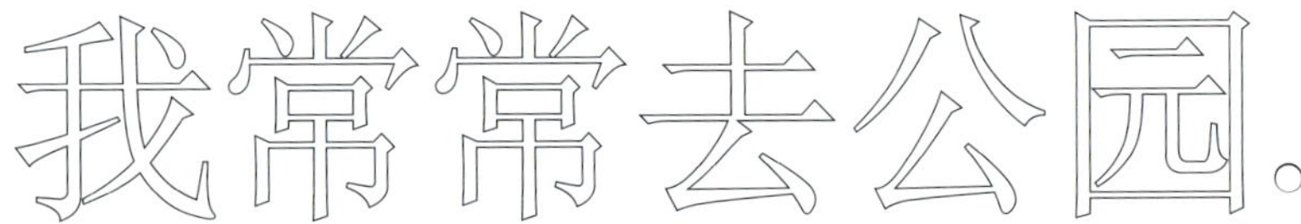

워 **챵챵** 취 꽁위앤.

Wǒ chángcháng qù gōngyuán.

우리는 자주 만나.

我们常常见面.

워먼 **챵챵** 찌앤미앤.

Wǒmen chángcháng jiànmiàn.

  패턴에 유의하여 한자를 따라 써 봅시다.

그녀는 종종 편지를 써.

她常常写信.

타 **챵챵** 씨에씬.

Tā chángcháng xiěxìn.

그녀는 자주 거짓말을 해.

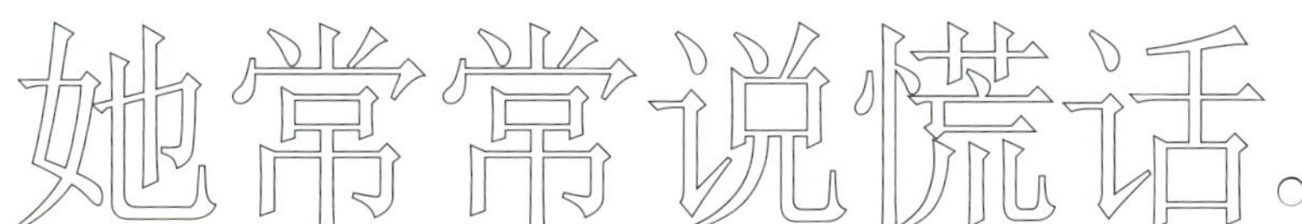

타 **챵챵** 슈어 **후앙후아**.

Tā chángcháng shuō huǎnghuà.

그는 종종 여행을 가.

他常常去旅行.

타 **챵챵 취** 뤼씽.

Tā chángcháng qù lǚxíng.

 패턴에 유의하여 한자를 따라 써 봅시다.

그는 종종 일기를 써.

他常常写日记.

타 챵챵 씨에 르찌.

Tā chángcháng xiě rìjì.

그는 자주 이곳에 와.

他常常来到这儿.

타 챵챵 라이 따오 쪄.

Tā chángcháng lái dào zhèr.

그는 종종 한국영화를 봐.

他常常看韩国电影.

타 챵챵 칸 한꾸어 띠앤잉.

Tā chángcháng kàn Hánguó diànyǐng.

가수들은 자주 공연을 해.

歌手常常表演.

꺼**쇼우 챵챵** 삐아오**앤**.

Gēshǒu chángcháng biǎoyǎn.

어린아이들은 자주 울어.

小孩子们常常哭.

씨아오하이쯔먼 **챵챵** 쿠.

Xiǎoháizimen chángcháng kū.

我 ☐ 跟他通话。

워
Wǒ

껀 타 통후아.
gēn tā tōnghuà.

我们 ☐ 吵架。

워먼
Wǒmen

챠오찌아.
chǎojià.

老师 ☐ 夸奖。

라오싀
Lǎoshī

쿠아찌앙.
kuājiǎng.

1강

我是学生。
她不是韩国人。
这是你的桌子吗?

2강

我有朋友。
他没有汽车。
这儿有面包吗?

3강

我们喜欢喝酒。
她不喜欢牛排。
他们喜欢画画吗?

4강

跑吧!
打扫吧!
照相吧!

5강

别来了。
别睡了。
别伤心了。

6강

请观看。
请选择。
请帮个忙。

7강

奶奶明天打算去医院。
妈妈这个星期打算去逛街。
姐姐今年打算去旅行。

8강

公共汽车站怎么走?
百货商店怎么走?
长城怎么走?

9강

这个食堂怎么样?
这件衣服怎么样?
今天喝一杯酒,怎么样?

10강

有点儿累。
有点儿吃劲。
有点儿孤单。

11강

太麻烦了。
太烦恼了。
太悲痛了。

12강

我有钱包和手机。
他有汽车和房子。
兔子喜欢胡萝卜和草莓。

13강

我也很好。
我也很累。
这个价格也很高。

14강

再发一下。
再找一下。
再调查一下。

15강

我常常跟他通话。
我们常常吵架。
老师常常夸奖。

기초 회화

1강

나의 출근길

오랜만에 친구를 만났을 때 하는 표현

일상적인 인사하기

처음 만난 사람과 인사하기

일상적인 인사하기

표현을 읽으면서 색깔에 유의하여 한자를 써 봅시다.

过得怎么样？

过得怎么样？

马马虎虎。

马马虎虎。

처음 만난 사람과 인사하기

표현을 읽으면서 색깔에 유의하여 한자를 써 봅시다.

认识你很高兴！

认识你很高兴！

我们以前见过吗？

我们以前见过吗？

01

어떻게 지내세요?

过 / 样 / 怎么 / 得

02

만나서 반가웠어요.

高兴 / 你 / 见到 / 很

2강

오늘은 소개팅 날
소개팅에서 하는 남녀의 대화

이름 & 나이 묻기
의문대명사 [무엇]

이름 & 나이 묻기

표현을 읽으면서 색깔에 유의하여 한자를 써 봅시다.

你叫什么名字?

你叫什么名字?

你今年多大?

你今年多大?

你是什么星座?

你是什么星座?

02 의문대명사 [무엇]

표현을 읽으면서 색깔에 유의하여 한자를 써 봅시다.

你的爱好是什么?

你的爱好是什么?

 표현을 읽으면서 색깔에 유의하여 한자를 써 봅시다.

> 취미를 대답할 때는
> '좋아하다'라는 의미의
> 동사 喜欢을 사용해서
> 我喜欢〇〇。라고
> 답할 수도 있어요.

我喜欢唱歌。

我喜欢唱歌。

> 畅销书는 '베스트셀러'
> 라는 뜻으로 '소설'은 小说,
> '잡지'는 杂志, '시집'은 诗集
> 라고 해요.

畅销书是什么?

畅销书是什么?

01

나는 서른 살이에요.

岁 / 今年 / 我 / 三十

02

나는 만화책 보는 것을 좋아해요.

爱 / 漫画书 / 看 / 我

Memo

3강

커플의 일상
남녀별 데이트에 늦었을 때 대처 방법

사과 표현
의문대명사 [왜]

표현을 읽으면서 색깔에 유의하여 한자를 써 봅시다.

对不起！

对不起！

耍脾气

耍脾气

의문대명사 [왜]

표현을 읽으면서 색깔에 유의하여 한자를 써 봅시다.

怎么는 '왜, 어떻게',
又는 '또', 晚은 '늦다'
라는 뜻이에요.

今天怎么又这么晚?

今天怎么又这么晚?

倒는 '거꾸로',
打는 '치다', 一耙는
'쇠스랑 한 개'라는 뜻으로
'적반하장'이라는 의미의
사자성어입니다.

倒打一耙

倒打一耙

늦어서 미안해

晩 / 对不起 / 来 / 了 / 我

앞으로는 늦지 않을게.

我 / 会 / 下次 / 晚 / 不 / 了

4강

오빠의 리모콘

남매 사이의 흔한 대화

장소 묻기, 방위 표현
명령 표현

장소 묻기, 방위 표현

표현을 읽으면서 색깔에 유의하여 한자를 써 봅시다.

在哪儿?

在哪儿?

在桌子上。

在桌子上。

표현을 읽으면서 색깔에 유의하여 한자를 써 봅시다.

旁边은 '옆, 근처'
라는 뜻이에요.

在你的旁边。

在你的旁边。

상하이는 위치상
중국 동쪽 끝 바다의 시작점에
위치해 바다 입구 위에 있는
땅이라는 뜻이에요.

上海

上海

명령 표현

표현을 읽으면서 색깔에 유의하여 한자를 써 봅시다.

吃饭吧！

吃饭吧！

你找死啊?

你找死啊?

01

쿠션은 어디 있어?

在 / 儿 / 靠垫 / 哪

02

네 옆에 있잖아.

旁边 / 在 / 的 / 你 / 嘛

Memo

5강

물건값 깎는 건 내가 왕!
물건을 구매하고 흥정하는 방법

가격 묻기, 흥정하기
지시대명서 [이것/저것]

가격 묻기, 흥정하기

표현을 읽으면서 색깔에 유의하여 한자를 써 봅시다.

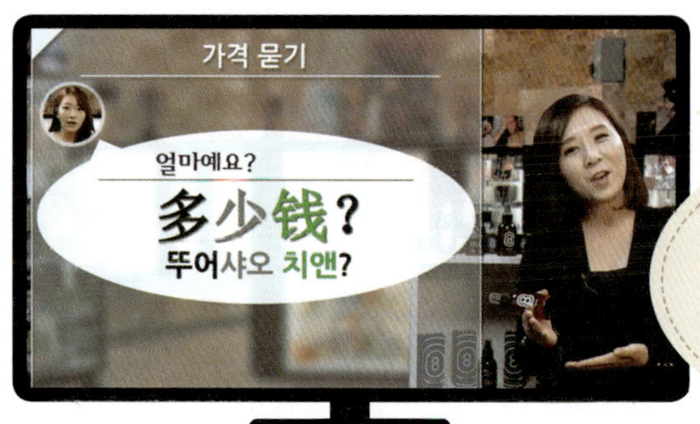

多少는 '얼마, 몇',
钱은 '돈'이라는 뜻으로
多少钱은 가격을 묻는
가장 기본적인 표현입니다.

多少钱?

多少钱?

便宜는 '(값이) 싸다',
点儿은 '약간' 조금',
吧는 제안을 나타내는
조사입니다.

便宜点儿吧.

便宜点儿吧.

 표현을 읽으면서 색깔에 유의하여 한자를 써 봅시다.

打8折

打8折

02 지시대명사 [이것 / 저것]

표현을 읽으면서 색깔에 유의하여 한자를 써 봅시다.

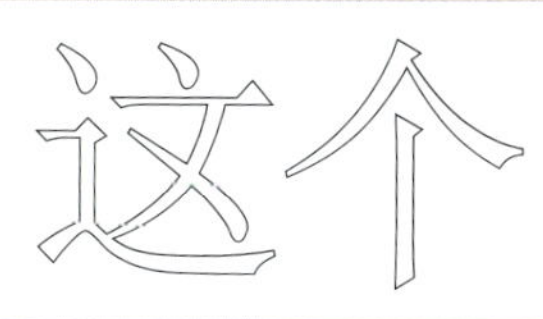 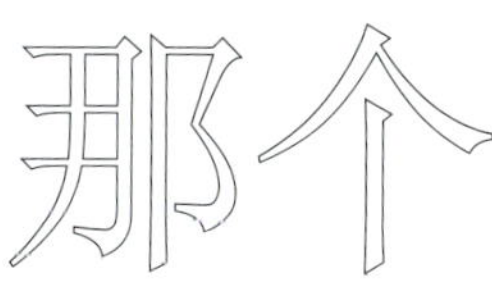

这个　　　那个

这个　　　那个

 표현을 읽으면서 색깔에 유의하여 한자를 써 봅시다.

光棍节

光棍节

좀 깎아 주세요.

点 / 吧 / 便宜 / 儿

서비스로 이거 샘플 좀 더 주세요.

赠品 / 再 / 送 / 吧 / 点

Memo

6강

그녀는 차도녀
전화로 친구와 약속잡기

현재진행표현, 있다/없다
계획 표현

표현을 읽으면서 색깔에 유의하여 한자를 써 봅시다.

做作业는
'과제를 하다'라는 뜻으로
앞에 (正)在를 붙이면 '지금
~하는 중이다'라는 뜻의
진행 표현이 됩니다.

我在做作业。

我在做作业。

有는 '있다',
没有는 '없다'
라는 반대의 뜻이에요.

你有时间吗？

你有时间吗？

冷都女

冷都女

---

02 계획 표현

표현을 읽으면서 색깔에 유의하여 한자를 써 봅시다.

我打算去逛街。

我打算去逛街。

표현을 읽으면서 색깔에 유의하여 한자를 써 봅시다.

我们去逛街吧.

我们去逛街吧.

01

나 너랑 놀 시간 없어!

没有 / 时间 / 我 / 你 / 玩儿 / 陪 / 的

02

우리 같이 가자.

一起 / 吧 / 我们 / 去

Memo

7강

그 남자의 매력 어필
자신의 능력 어필하기

가능 표현
희망 표현

가능 표현

표현을 읽으면서 색깔에 유의하여 한자를 써 봅시다.

我会开车。

我会开车。

我可以开车。

我可以开车。

 표현을 읽으면서 색깔에 유의하여 한자를 써 봅시다.

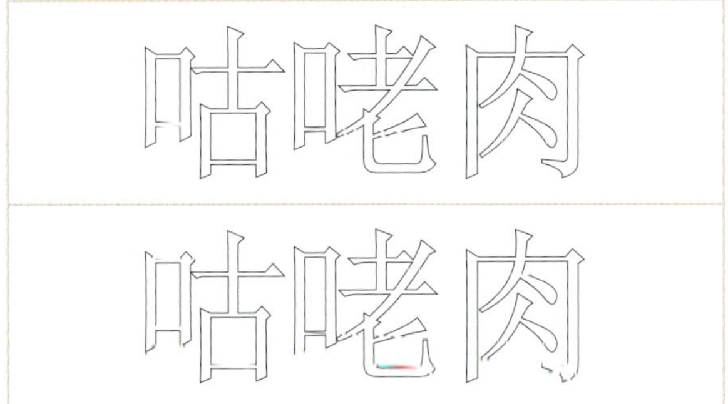
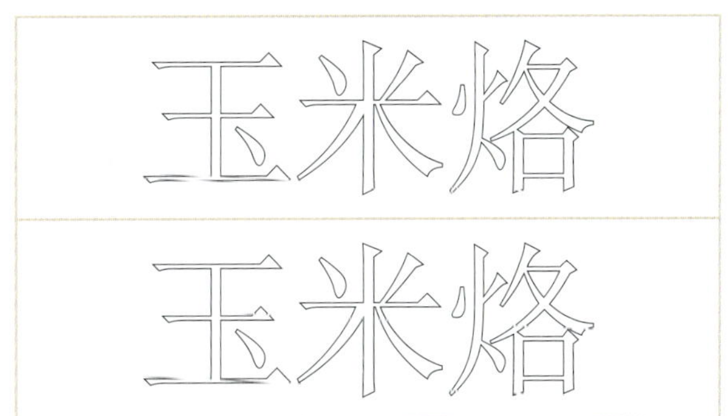

02

희망 표현

표현을 읽으면서 색깔에 유의하여 한자를 써 봅시다.

 표현을 읽으면서 색깔에 유의하여 한자를 써 봅시다.

今天我要得到你的心。

今天我要得到你的心。

电视剧

电视剧

01

나 중국 요리 할 줄 알아.

做 / 中国菜 / 我 / 会

02

넌 아무것도 안 해도 돼.

行 / 什么 / 都 / 你 / 做 / 不 / 也

Memo

8강

메뉴 선정의 늪
다양한 중국음식 맛 표현하기

의견 묻기, 너무 ~해
빈도부사, 정도부사

의견 묻기, 너무 ~해

표현을 읽으면서 색깔에 유의하여 한자를 써 봅시다.

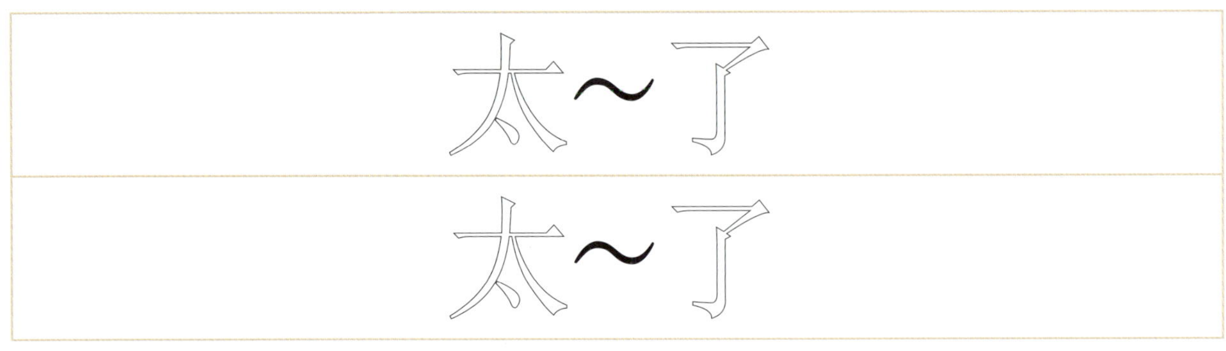

麻辣烫

麻辣烫

<table><tr><td>02</td><td></td></tr></table>

빈도부사, 정도부사

표현을 읽으면서 색깔에 유의하여 한자를 써 봅시다.

我经常吃这个。

我经常吃这个。

比较好吃。

比较好吃。

炒青菜

炒青菜

01

그건 굉장히 매워.

了 / 太 / 那 / 辣

02

볶음밥은 어때?

样 / 怎 / 炒饭 / 么

Memo

9강

두려운 여친의 생일

남녀 사이의 흔한 대화

날짜 & 요일 묻기

접속사 [~와]

날짜 & 요일 묻기

표현을 읽으면서 색깔에 유의하여 한자를 써 봅시다.

几月几号?

十一月二十九号。

这个星期五

这个星期五

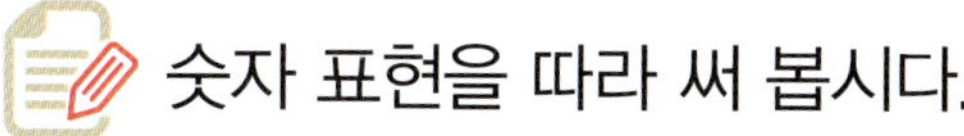 숫자 표현을 따라 써 봅시다.

一	二	三	四	五
이	으	싼	쓰	우

六	七	八	九	十
리요우	치	빠	찌요우	싀

一	二	三	四	五
이	으	싼	쓰	우

六	七	八	九	十
리요우	치	빠	찌요우	싀

접속사 [~와]

표현을 읽으면서 색깔에 유의하여 한자를 써 봅시다.

和

和

一件衣服

一件衣服

 표현을 읽으면서 색깔에 유의하여 한자를 써 봅시다.

一个手提包

一个手提包

高跟鞋	平底鞋
高跟鞋	平底鞋

01

나 11월 29일이 생일이야.

是 / 我 / 的 / 月 / 十一 / 二十九 / 号 / 生日

02

나 옷 한 벌과 핸드백 한 개가 갖고 싶어.

手提包 / 我 / 想 / 一 / 衣服 / 和 /

一 / 个 / 件 / 要

10강

그녀와의 술자리

친구와 술자리에서의 대화

정반의문문

제안 & 부정 명령 표현

정반의문문

표현을 읽으면서 색깔에 유의하여 한자를 써 봅시다.

要不要는 '~할래, 말래'
라는 뜻으로 긍정형과
부정형을 나란히 사용하여
의문의 뜻을 나타내요.

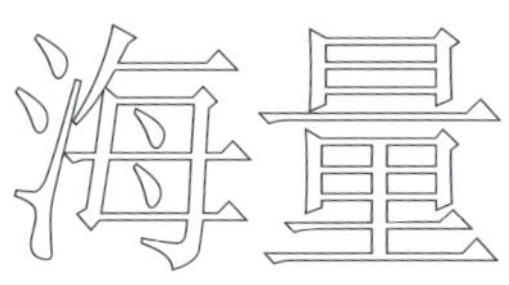

海量은 바다같이 넓은 도량,
즉, '아주 대단한 주량'이라는
뜻이에요.

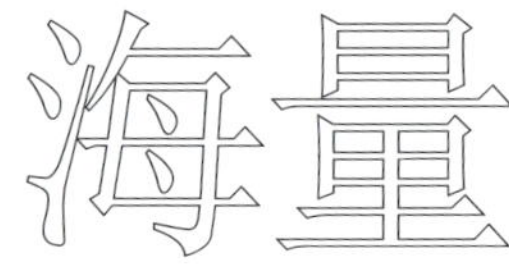

02

제안&부정 명령 표현

표현을 읽으면서 색깔에 유의하여 한자를 써 봅시다.

安静은 '조용하다'라는 뜻이고 一下는 동사 뒤에서 '~ 좀 해, ~좀 해 주세요'라는 의미를 나타내요.

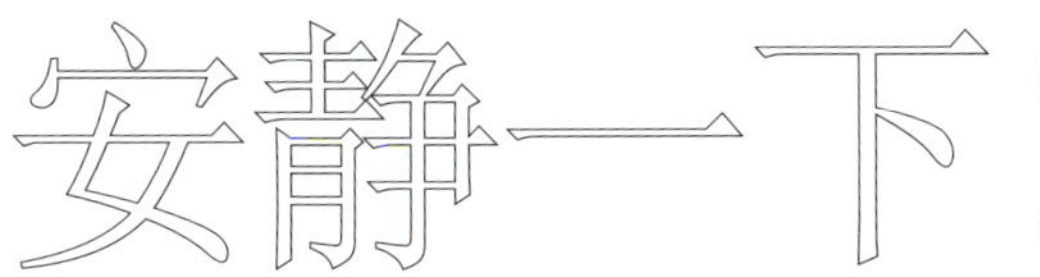

安静一下！

安静一下！

别~了는 '~하지 마'라는 뜻으로 명령의 뜻으로 쓰입니다.

别大喊大叫了！

别再联系我了！

我要变成童话里
你爱的那个天使。

한 잔 더 마실래, 안 마실래?

杯 / 你 / 不 / 要 / 要 / 再 / 来 / 一

너 너무 무거워.

重 / 了 / 你 / 太

Memo

마법처럼 풀린다
MAPOOL